När juldagsmorgon glimmar

När juldagsmorgon glimmar

Bild: Ilon Wikland

Brombergs

Av Ilon Wikland har tidigare utkommit
på Brombergs Bokförlag:
Den långa, långa resan (text: Rose Lagercrantz)
Sammeli, Epp och jag

Brombergs Bokförlag, Stockholm
© 1998 Ilon Wikland (bild)
Noter och textning: Lena Norberg
Layout: Eva Alge
Repro: Kiviranta OY, Finland
Tryck: New Interlitho, Italien, 1998
ISBN 91-7608-701-8

Innehåll

Gläns över sjö och strand 6

Karusellen 8

Ett barn är fött på denna dag 10

En sockerbagare 12

Hosianna 14

Goder afton 16

Sankta Lucia 18

Midnatt råder 20

När juldagsmorgon glimmar 22

Tre pepparkaksgubbar 24

Nu tändas tusen juleljus 26

Räven raskar över isen 28

Hej tomtegubbar 30

Nu så är det jul igen 32

Stilla natt 34

När det lider mot jul 36

Morsgrisar är vi allihopa 38

Vi äro musikanter 40

Nu har vi ljus här i vårt hus 42

Staffan stalledräng 44

Små grodorna 46

Gläns över sjö och strand

Natt över Judaland,
natt över Sion.
Borta vid västerrand
slocknar Orion.
Herden, som sover trött,

barnet, som slumrar sött,
vakna vid underbar
korus av röster,
skåda en härlig klar
stjärna i öster.

Text: Viktor Rydberg/Musik: Alice Tegnér
© AB Nordiska Musikförlaget/Ehrlingförlagen AB, Sthlm

Karusellen

Ett barn är fött på denna dag

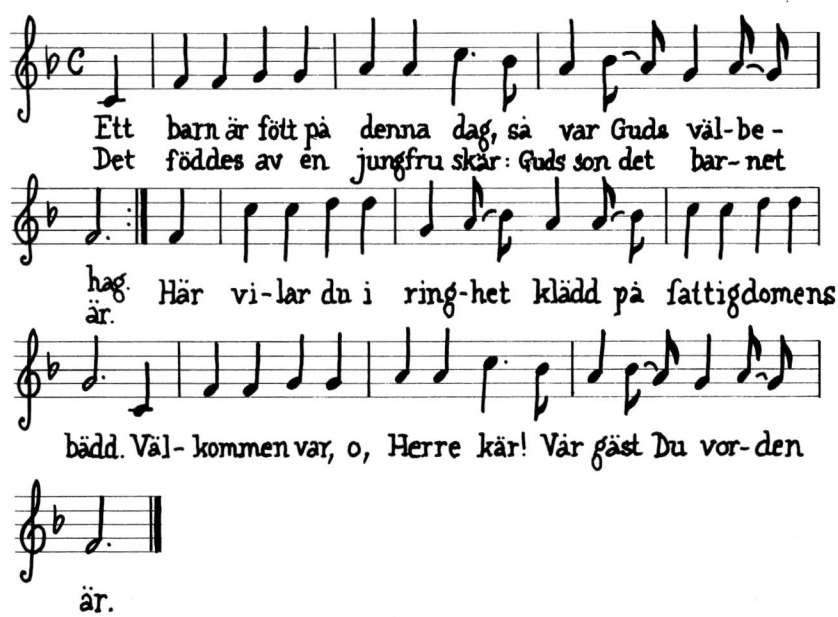

Om världen ännu större var,
av guld och pärlor klar,
så vore den dock alltför klen
till säng åt dig allen.
Dock vilar du i ringhet klädd
på fattigdomens bädd.
Välkommen var, o Herre kär!
Vår gäst du vorden är.

En sockerbagare

Och i hans fönster hänga julgranssaker
och hästar, grisar och pepparkakor.
Och är du snäller, så kan du få,
men är du stygger så får du gå.

Text & musik: Alice Tegnér
© AB Nordiska Musikförlaget/Ehrlingförlagen AB, Sthlm

Hosianna

Goder afton

Go-der af-ton, go-der af-ton, bäd' her-re och fru! Vi önska E-der al-la en fröj-de-full jul!

Sankta Lucia

Natten är stor och stum.
Nu hör det svingar
i alla tysta rum
sus som av vingar.
Se, på vår tröskel står
vitklädd, med ljus i hår
Sankta Lucia, Sankta Lucia.

"Mörkret skall flykta snart
ur jordens dalar".
Så hon ett underbart
ord till oss talar.
Dagen skall åter ny
stiga ur rosig sky.
Sankta Lucia, Sankta Lucia.

Text: Arvid Rosén/Musik: Teodor Cottrau
© AB Nordiska Musikförlaget/Ehrlingförlagen AB, Sthlm

Midnatt råder

Mid-natt rå-der tyst det är i hu-sen, tyst i hu-sen. Al-la so-va släckta ä-ro lju-sen, ä-ro lju-sen. Tipp tapp tipp tapp, tip-pe tip-pe tipp tapp, tipp, tipp, tapp.

Snälla folket låtit maten rara, maten rara
stå på bordet åt en tomteskara, tomteskara.
Tipp, tapp ...

Hur de mysa, hoppa upp bland faten, upp bland faten,
tissla, tassla: "God är julematen!", julematen!
Tipp, tapp ...

Gröt och skinka, lilla äppelbiten, äppelbiten!
Tänk, så rart det smakar Nisse liten, Nisse liten!
Tipp, tapp ...

Nu till lekar! Glada skrattet klingar, skrattet klingar,
runt om granen skaran muntert svingar, muntert svingar.
Tipp, tapp …

Natten lider. Snart små tomtar snälla, tomtar snälla
kvickt och näpet allt i ordning ställa, ordning ställa.
Tipp, tapp …

Sedan åter in i tysta vrårna, tysta vrårna
tomteskaran tassar nätt på tårna, nätt på tårna.
Tipp, tapp …

Text: Alfred Smedberg/Musik: Vilhelm Sefve
© Abraham Lundquist AB Musikfölag, Sweden

När juldagsmorgon glimmar

När juldagsmorgon glimmar, jag vill till stallet gå. Där
Gud i nattens timmar re'n vilar uppå strå. Där
Gud i nattens timmar re'n vilar uppå strå.

Hur god du var som ville till jorden komma ner.
Nu ej i synd jag spille min barndomsdagar mer,
nu ej i synd jag spille min barndomsdagar mer.

Dig, Jesu vi behöva, du käre barnavän.
Jag vill ej mer bedröva med synder dig igen,
jag vill ej mer bedröva med synder dig igen.

Tre pepparkaksgubbar

Vi komma, vi komma från Pepparkakeland,
och vägen vi vandrat tillsammans hand i hand.
Så bruna, så bruna vi äro alla tre,
korinter till ögon och hattarna på sne'.

Tre gubbar, tre gubbar från Pepparkakeland,
till julen, till julen vi komma hand i hand.
Men tomten och bocken vi lämnat vid vår spis,
de ville inte resa från vår pepparkakegris.

Text: Astrid Gullstrand/Musik: Alice Tegnér
© AB Nordiska Musikförlaget/Ehrlingförlagen AB, Sthlm

Nu tändas tusen juleljus

Och över stad och land ikväll
går julens glada bud
att född är Herren Jesus Krist,
vår frälsare och Gud.

Du stjärna över Betlehem,
o, låt ditt milda ljus
få lysa in med hopp och frid
i varje hem och hus.

I varje hjärta, armt och mörkt,
sänd du en stråle blid,
en stråle av Guds kärleks ljus
i signad juletid.

Räven raskar över isen

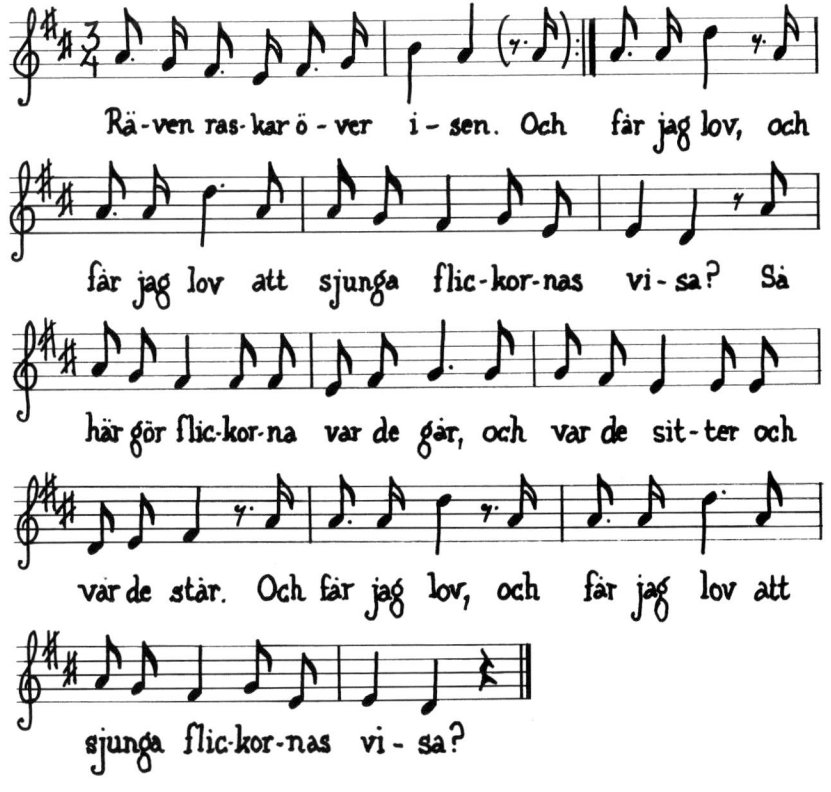

Rräven raskar över isen.
Får jag lov, får jag lov
att sjunga pojkarnas visa?
Så här gör pojkarna var de går
och var de sitter och var de står.
Får jag lov, får jag lov
att sjunga pojkarnas visa?

Räven raskar över isen.
Får jag lov, får jag lov
att sjunga bagarens visa?
Så här gör bagaren var han går
och var han sitter och var han står.
Får jag lov, får jag lov
att sjunga bagarens visa?

Hej tomtegubbar

Hej, tom-te-gub-bar slå i gla-sen och låt oss lus-ti-ga va-ra. va-ra. En li-ten tid vi le-va här, med myc-ket mö-da och stort bes-vär.

D. C. al Fine

Nu så är det jul igen

Nu så är det jul i-gen. Jul-tom-ten my-ser,
ju-le-gran och klappar han skickar så snäll.
In i minsta ko-ja nu jul-lju-set ly-ser.
Al-la ä-ro gla-da på jul-af-tons kväll.

Kära jul, välkommen, välkommen till jorden!
Nu den långa hösten är slut för i år.
Med dig kommer snön och lyser upp Norden,
sen får vi påska, och så blir det vår.

Och så kommer sommarn, då grönt är i skogen,
smultronen, de rodna och åkern blir gul.
Men i höst, då skörden är inkörd på logen,
då vi önska åter: "Ack, vore det jul!"

Text & Musik: Alice Tegnér
© AB Nordiska Musikförlaget/Ehrlingförlagen AB, Sthlm

Stilla natt

Stil-la-natt, he-li-ga natt! Allt är frid,
stjärnan blid ski-ner på bar-net i stal-lets strå
och de va-kan-de from-ma två. Kris-tus till jor-
den är kom-men, oss är en fräl-sa-re född.

Stora stund, heliga stund!
Änglars här slår sin rund
kring de vaktande herdars hjord.
Rymden ljuder av glädjens ord:
"Kristus till jorden är kommen,
Eder är Frälsaren född."

Stilla natt, heliga natt!
Mörkret flyr, dagen gryr.
Räddningstimman för världen slår.
Nu begynner vårt jubelår:
"Kristus till jorden är kommen.
Oss är en Frälsare född."

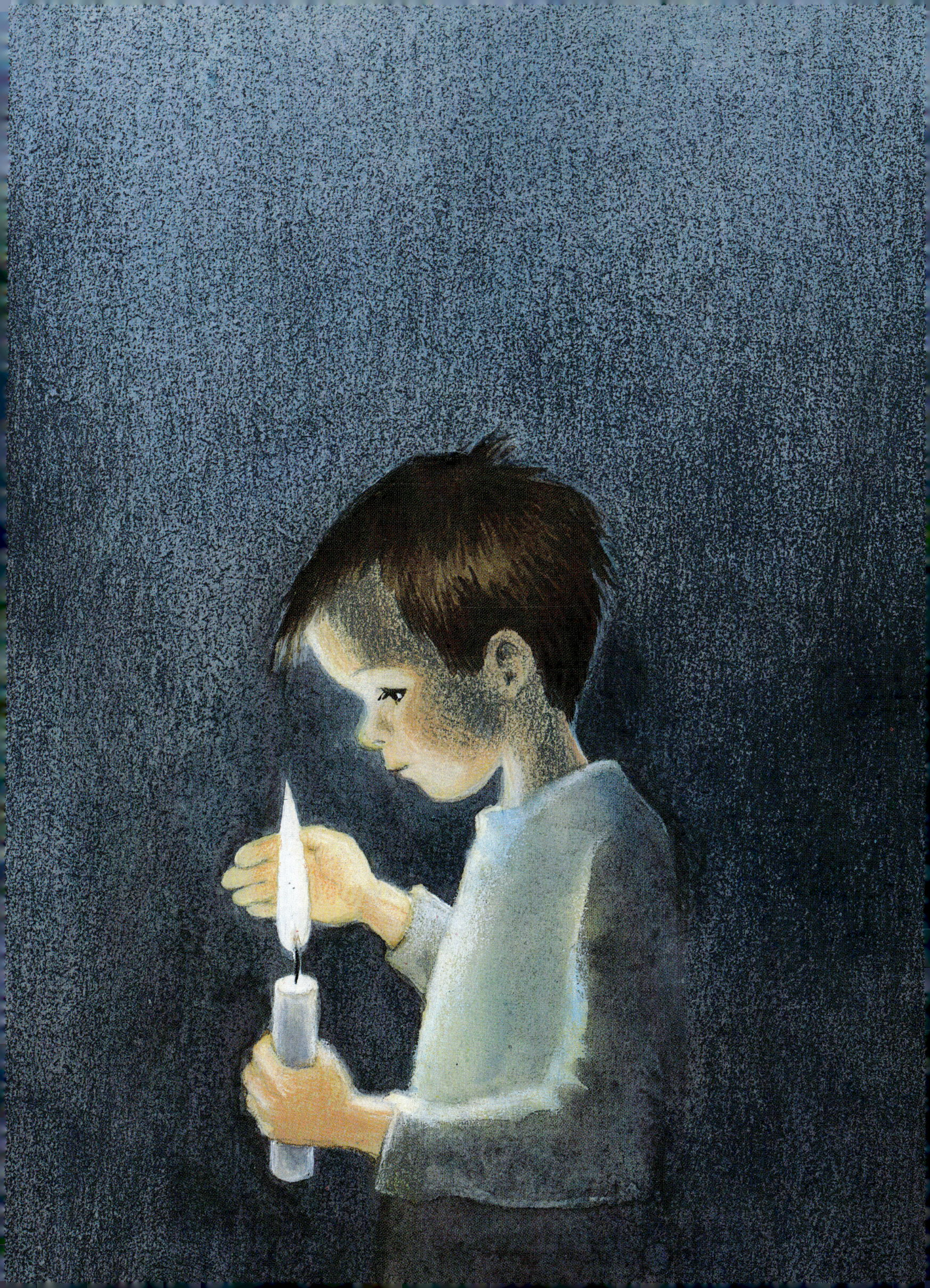

När det lider mot jul

Det strå-lar en stjärna för-un-der-ligt blid, i ös-ter på him-len hon står. Hon lyst ö-ver världenes o-ro och strid i nä-ra två tu-sen-de år. När da-gen blir mörk och när snön fal-ler vit, då skrider hon närmre, då kom-mer hon hit och då vet man, att snart är det jul.

Text: Jeanna Oterdahl/Musik: Ruben Liljefors
© AB Carl Gehrmans Musikförlag, Stockholm

Ty ju-len är här-lig för sto-ra och små, är gläd-je och lju-vas-te frid, är klappar och jul-gran och ring-dans ock-så, är lyc-ka o-änd-li-gen blid, är ljus, al-las ö-gon då strå-la som bäst, och stjärnorna tindra som mest, och där lju-set är – där är jul, där är jul.

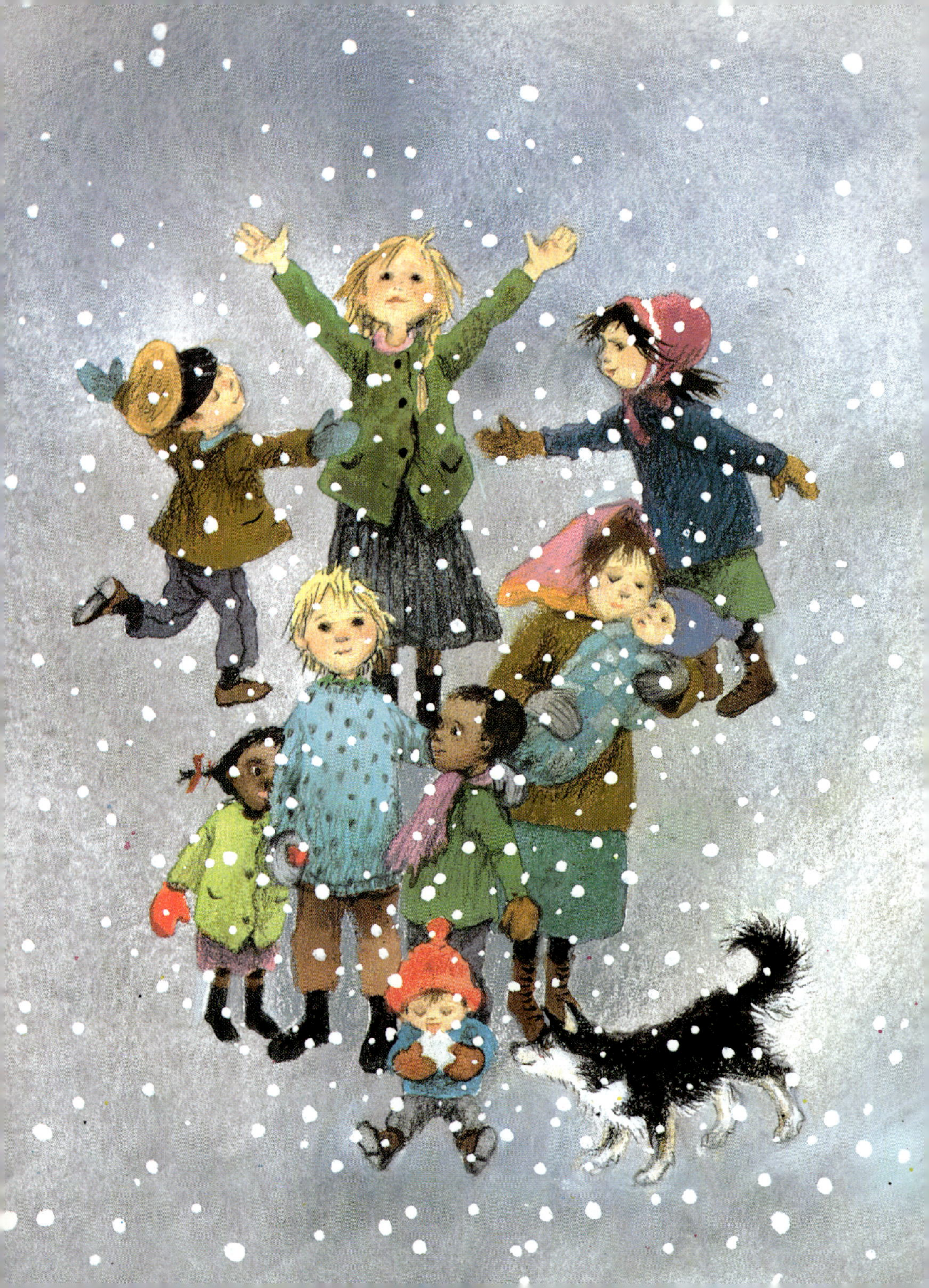

Morsgrisar är vi allihopa

Mors-grisar är vi al-li-ho-pa, al-li-ho-pa, al-li-ho-pa. Morsgrisar är vi al-li-ho-pa, al-li-ho-pa jag med. Jag med och du med.

Vi äro musikanter

Vi ä-ro mu-si-kan-ter allt i-från Ska-ra-borg. Vi
kan spe-la fi-o-li-o-li-o-lej, vi kan spe-la
bas-fi-ol och flöjt, och vi kan dan-sa bom-fa-de-ral-la
bom-fa-de-ral-la bom-fa-de-ral-la, vi kan dan-sa
bom-fa-de-ral-la bom-fa-de-ral-la lej.

Och vi kan dansa andra hållet
andra hållet, andra hållet.
Vi kan dansa andra hållet, andra hållet med!

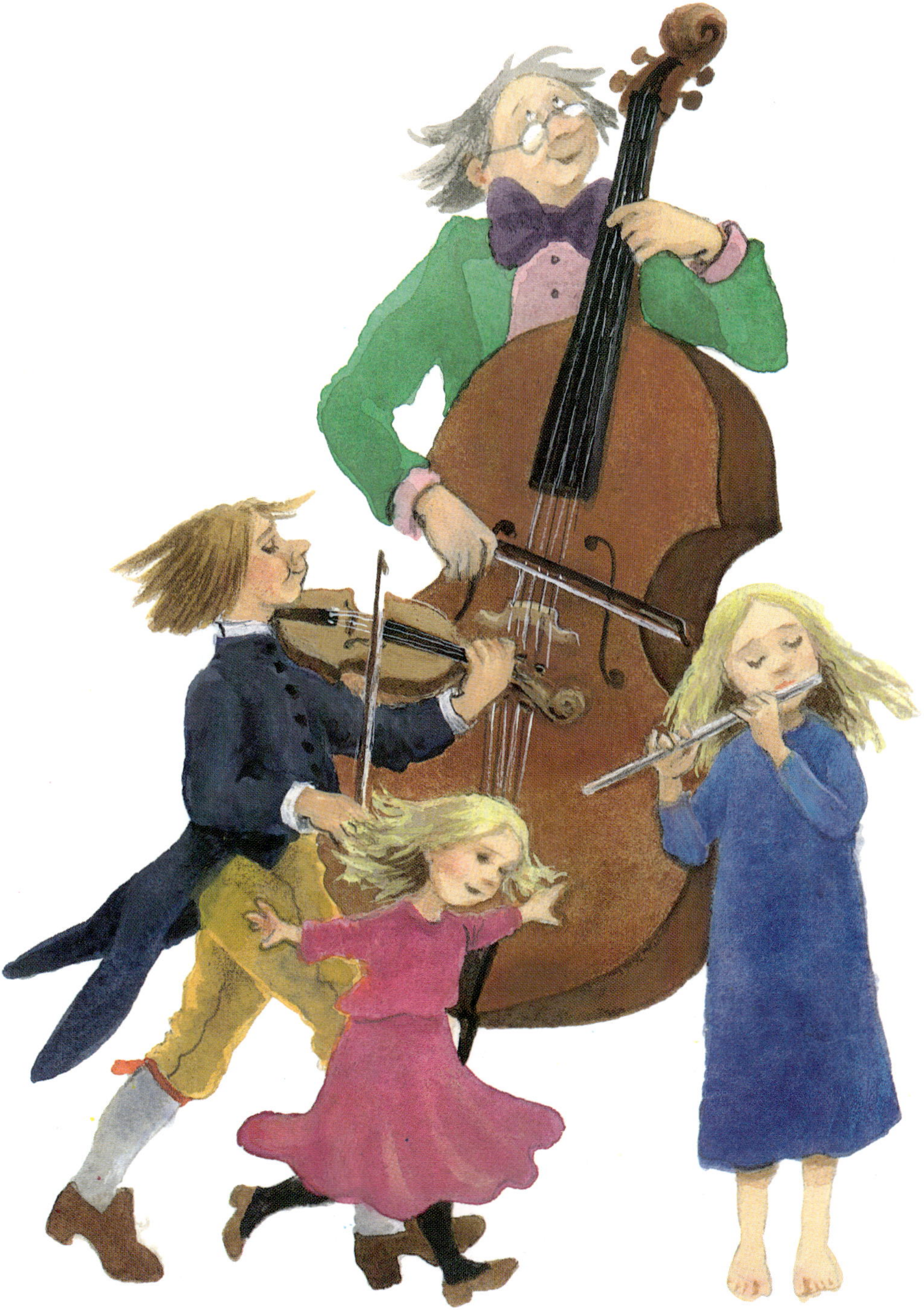

Nu har vi ljus här i vårt hus

Nu ha vi ljus här i vårt hus. Julen är kommen, hopp, tra-la-la la! Barnen i ring dansa omkring, dansa om-kring. Granen står så grön och grann i stugan, granen står så grön och grann i stugan. Tra-la-la-la-la, tra-la-la-la-la, tra-la-la-la-la, la-la.

Kom, lilla vän, kom nu igen!
Dansa kring granen, hopp, tralalala!
Glädjen är stor.
Syster och bror,
pappa, mamma, alla gå i dansen.
Tralalalala,
Tralalalala, lala!

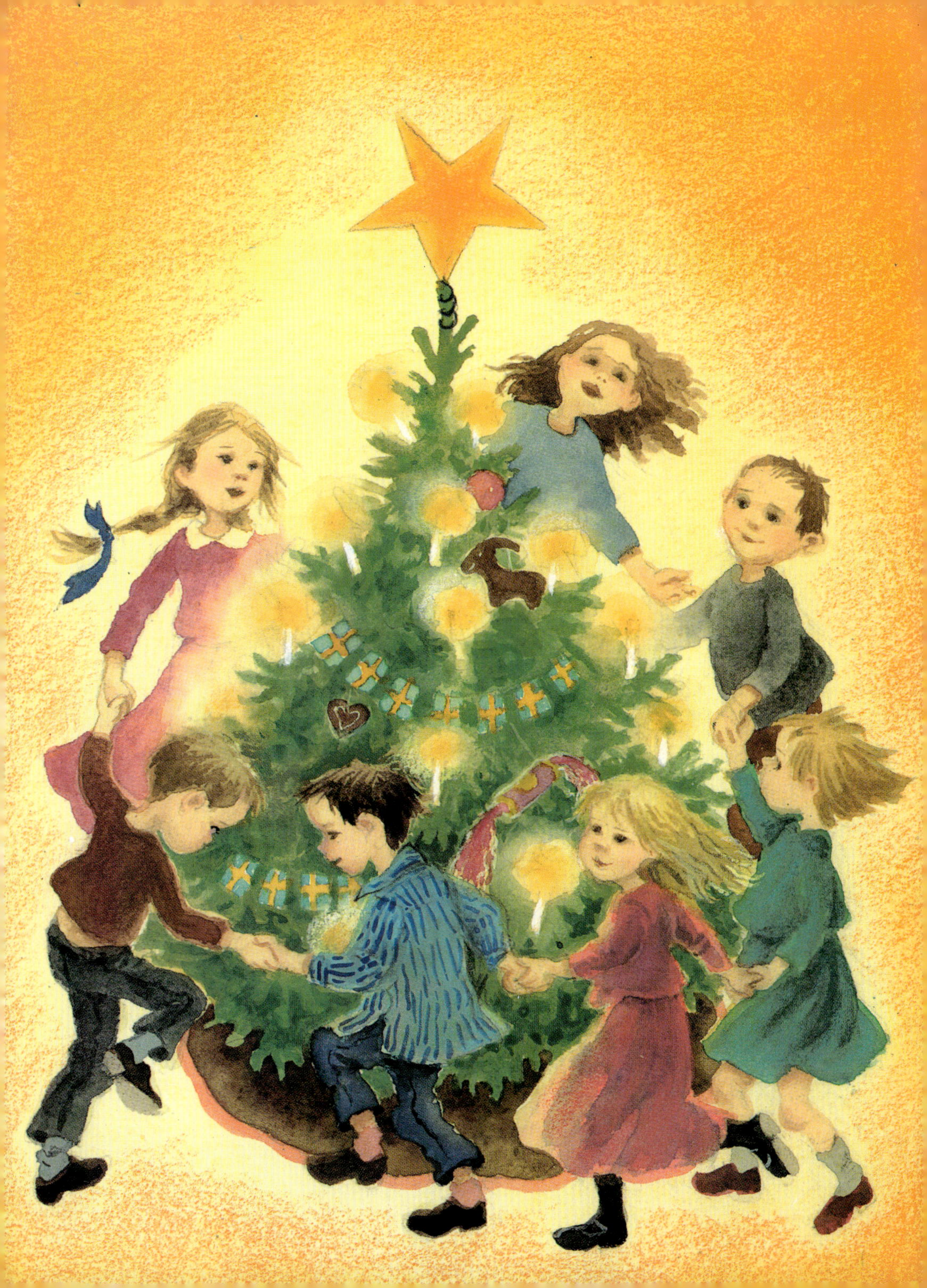

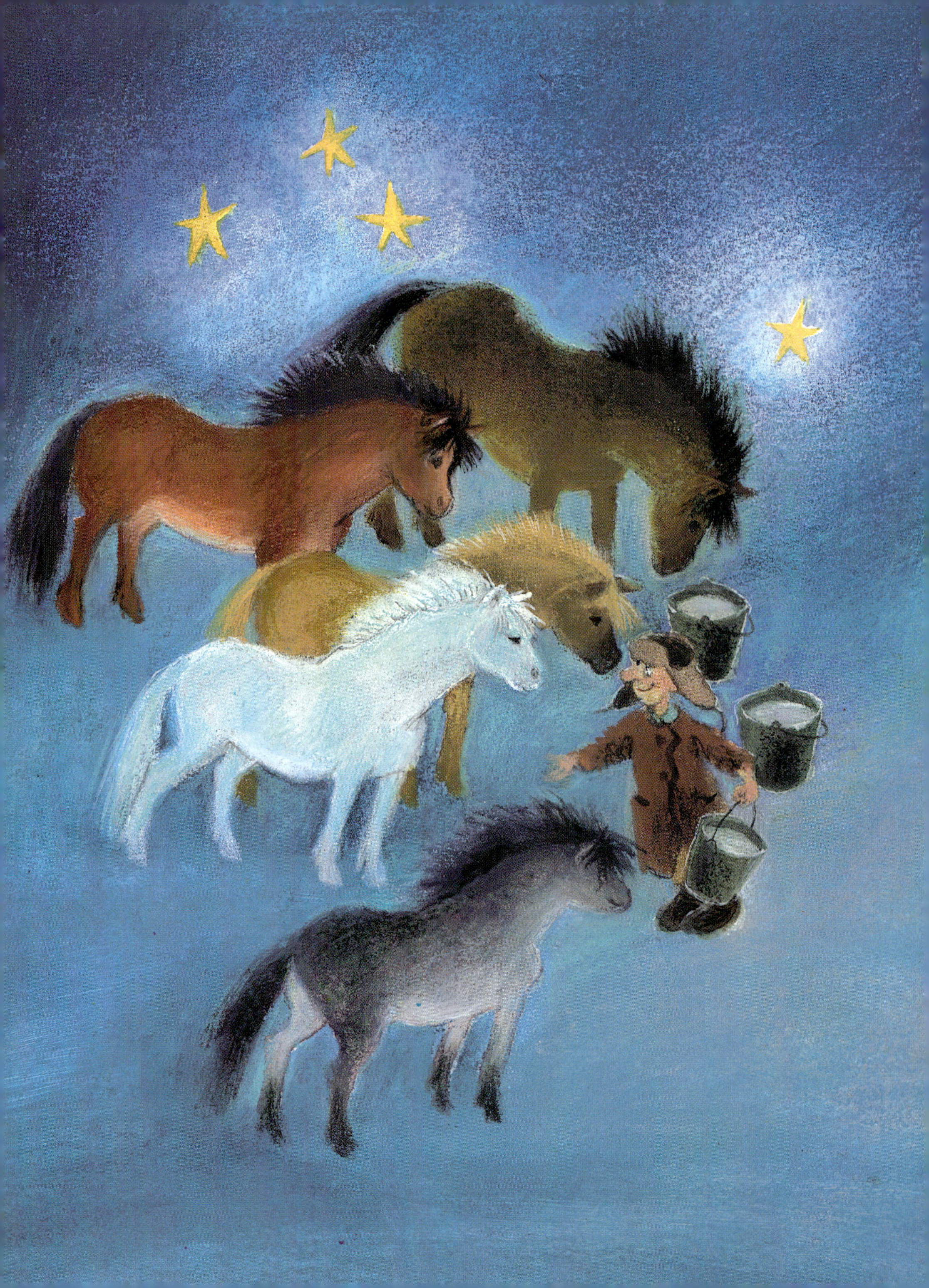

Staffan stalledräng

Staffan var en stal-le-dräng, vi tack-om nu så gär-na, han vatt-nar si-na få-lar fem, allt för den lju-sa stjärna. In-gen da-ger sy-nes än, stjärnorna på himme-len de blän-ka.

Hastigt lägges sadeln på.
Vi tackom nu så gärna.
Innan solen månd uppgå.
Allt för den ljusa stjärnan.

Bästa fålen apelgrå.
Vi tackom nu så gärna,
den rider Staffan själv uppå.
Allt för den ljusa stjärnan.

I den fula ulvens spår,
Vi tackom nu så gärna,
raskt och oförskräckt han går.
Allt för den ljusa stjärnan.

Nu är eld uti var spis.
Vi tackom nu så gärna,
julegröt och julegris.
Allt för den ljusa stjärnan.

Nu är fröjd uti vart hus.
Vi tackom nu så gärna,
julegröt och juleljus.
Allt för den ljusa stjärnan.
Ingen dager synes än.
Stjärnorna på himmelen de blänka.

Små grodorna

Små grodorna, små grodorna är lustiga att se.
Små grodorna, små grodorna är lustiga att se.

Ej svansar, ej svansar, ej öron hava de.
Ej svansar, ej svansar, ej öron hava de.

Kou-ack-ack-ack, kou-ack-ack-ack, kou-ack-ack-ack-ack-ack.
Kou-ack-ack-ack, kou-ack-ack-ack, kou-ack-ack-ack-ack-ack.

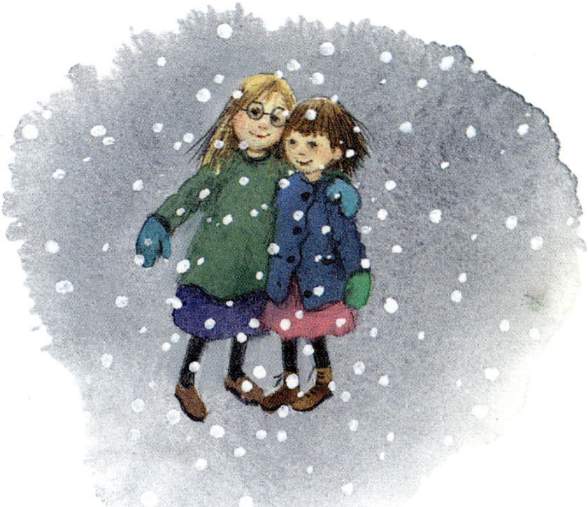